Melanie Tintera
Walther Ziegler

Warum Herr Reinhardt
seinen Charisma-Coach erschoss

Bibliografische Information der Deutschen Nationalbibliothek:
Die Deutsche Nationalbibliothek verzeichnet diese Publikation in der Deutschen
Nationalbibliografie; detaillierte bibliografische Daten sind im Internet über www.dnb.de
abrufbar.

© 2020 Melanie Tintera, Dr. Walther Ziegler
Umschlaggestaltung: Lydia Pointvogl
Herstellung und Verlag:
BoD – Books on Demand, Norderstedt

ISBN 978-3-7519-0218-2

Inhalt

Herr Reinhardt ermutigt sich für den Tag

Das Display des Radioweckers zeigt 6:30. Herr Reinhardt steht im Schlafanzug vor dem Spiegel und nimmt eine aufrechte Haltung ein. Langsam hebt er seine beiden Hände und deutet mit ausgestreckten Fingern auf seine Brust:

I am a Money-Magnet!

sagt er mechanisch und lässt die Hände wieder sinken. Er atmet tief durch, ruft sich zur Ordnung und unternimmt einen zweiten, entschlosseneren Anlauf:

I am a Money-Magnet!

I am a Money-Magnet!

Noch immer sieht er im Spiegel keinen entschlossenen Mann. Er macht weiter:

I am a Love-Magnet!

I am a Love-Magnet!

I am a Love-Magnet!

Er tritt vom Spiegel zurück in die Mitte des

Zimmers, um mehr Bewegungsfreiheit zu haben:

I am strong, I am healthy, I am full of energy!

I am strong, I am healthy, I am full of energy!

I am strong, I am healthy, I am full of energy!

Bei diesen Sätzen steigert Herr Reinhardt das Ritual mit einer kleinen, aber nicht unerheblichen Geste. Während er bei „strong" und „healthy" wieder auf die Mitte seiner Brust zeigt, öffnet er bei „energy" die Arme und streckt sie weit nach oben zur Zimmerdecke, um den ganzen Raum mit positiver Energie aufzuladen.

„Und", fragt ihn der Charisma-Coach zwei Stunden später in der Sitzung, „wie war es? Wie geht es Ihnen mit dem Self-Empowerment?"

Herr Reinhardt zuckt mit den Achseln. Der Coach nimmt einen neuen Anlauf: „Ich meine – stellen Sie bereits eine Veränderung fest?"

„Weiß nicht, das kleine Morgen-Gebet fällt mir irgendwie schwer", antwortet Reinhardt zögerlich.

„Warum? Wo liegt das Problem? Raus damit..."

„Ich weiß es nicht genau, aber irgendwie erinnert es mich an früher, als ich in der Kirche Gebete aufsagen musste. Mein Vater war gläubig. Ihm zuliebe habe ich mitgebetet, stand aber doch irgendwie neben mir. Ich bekam keinen wirklichen Kontakt zu Gott, obwohl ich es wirklich wollte."

„Aber Herr Reinhardt", unterbrach ihn der Coach, „das, was Sie jetzt jeden Morgen machen, hat nicht das Geringste mit Ihrem Kindheitserlebnis zu tun oder gar mit Gott. Die Kirche war Fremdbestimmung, eine auferlegte Pflicht. Jetzt geht es um Sie, um Ihre Entscheidung und Ihr Leben. Sie sind der Aktivposten. In dem kleinen Morgen-Gebet, wie Sie es nennen, beten Sie nicht irgendeinen Gott an, sondern Sie machen ein Self-Empowerment, eine Selbstertüchtigung. Das ist nichts Religiöses. Es geht nicht um Gott, es geht um Sie. Ja, man kann sogar sagen, Sie selbst machen sich zu Gott. Sie erkennen Ihre innere Göttlichkeit."

„Mag sein, aber im Moment komme ich mir komisch vor, wenn ich die Sätze spreche."

„Sie versuchen es doch weiter, oder?"

„Ja, jeden Morgen um 6:30, wie vereinbart."

„Und – hat sich seit der letzten Woche nicht doch irgendetwas verändert?"

„Na ja, was soll ich sagen, ich kann den Text inzwischen flüssig sprechen."

„Ja, aber es geht nicht darum, dass Sie den Text flüssig aufsagen wie ein Gedicht. Sie müssen sich mit der Message identifizieren. Wissen Sie, es kommt im Wesentlichen darauf an, dass Sie den Erfolg bereits in Ihrem Energiefeld verankern. Wenn es Ihnen nämlich erst einmal gelingt, das Feuer des Erfolges in sich selbst zu entfesseln, dann strahlen Sie ihn auch aus. Sie verwandeln sich geradezu. An die Stelle von Selbstzweifeln tritt die Kraft, Berge zu versetzen. So war es zum Beispiel bei Jim Corner. Kennen Sie Jim Corner?"

Herr Reinhardt schüttelt den Kopf.

„Jim Corner ist der Erfinder dieses Erfolgsmantras. Er war ein Underdog aus einfachsten Verhältnissen, bettelarm und ohne Ausbildung. Im Grunde hatte er keine Chance auf sozialen Aufstieg. Doch eines Tages, als er wieder einmal resigniert unter einem Baum saß und lustlos in seinen Donut biss, sah Jim Corner aus nächster Nähe, wie eine Ameise senkrecht den Stamm hochkletterte. Sie hatte ein heruntergefallenes Stück von seinem Donut dabei, ein Stück, das zehnmal größer war als sie selbst. Eigentlich war es unmöglich, dass sie es überhaupt tragen konnte, aber das kümmerte sie nicht. Zentimeter für Zentimeter kämpfte sie sich nach oben, ihr Ziel fest im Blick. ‚Was für einen ungeheuer starken Willen sie hat‘, dachte Jim Corner und sah ihr staunend zu. Plötzlich fiel es ihm wie Schuppen von den Augen. Jim Corner erkannte die Kraft des Willens, die alles antreiben und bewegen kann.

‚Wenn ich etwas wirklich will, wenn ich wie die Ameise mein Ziel fest vor Augen habe, dann schaffe ich es auch. Wenn ich mich schon dort sehe, wo ich hin will und mich schon jetzt so fühle wie ich mich dann fühlen werde, wirkt die Zukunft auf die Gegenwart. Niemand kann mich mehr stoppen.‘

So unternahm Jim Corner seine ersten Schritte der Autosuggestion. Jeden Morgen stellte er sich vor den Spiegel und sagte zu sich: ‚I am a Money-Magnet. I am a Love-Magnet. I am strong, healthy and full of energy!' Corner hatte keine besondere Ausbildung, aber er war ein Bastler, interessierte sich schon immer für Elektronik, zerlegte Kühlschränke und Heizstrahler. Jetzt fing er an, aus weggeworfenem Schrott in seinem Keller Warmluftheizungen und Klimaanalgen zu bauen.

Heute leitet Jim Corner den größten Energiekonzern der Vereinigten Staaten und wurde von Forbes zum ‚Man of the Year' gewählt. Jetzt, Herr Reinhardt, sage ich Ihnen etwas Wichtiges: Wissen Sie, warum er es geschafft hat? Weil er es wollte und weil er dranblieb. Und nicht nur er - Zehntausende sind ihm gefolgt und wurden mit seiner Selbstprogrammierung reich. Jetzt frage ich Sie, Herr Reinhardt, wollen Sie nicht auch dranbleiben und endlich an sich selbst glauben?"

Herr Reinhardt nickt zustimmend. Zwar weiß er, dass er niemals Jim Corner sein wird, aber er weiß auch, dass sein Arbeitsplatz gefährdet ist, weshalb er tatsächlich ‚dranbleiben' sollte.

„Gut, dann machen Sie einfach weiter, bis sich der Erfolg für immer in Ihrem Energiefeld verankert hat. Vergessen Sie nicht, Ihr Morgen-Gebet ist der Schlüssel dazu. Es ist keine Anbetung einer fremden Macht, sondern Autosuggestion. Dieses Verfahren mag Ihnen neu vorkommen, aber glauben Sie mir, es ist wissenschaftlich bewiesen. Es wirkt direkt auf Ihr Unterbewusstsein. Das haben Studien eindeutig ergeben. Nichts auf der Welt kann Sie am Ende so gut motivieren, wie Sie es tun können, durch den Glauben an sich selbst. Das ist der Kern der Autosuggestion. Haben Sie sich mal gefragt, was Erfolg im Grunde genommen ist?"

„Nein", antwortet Herr Reinhardt, „darüber habe ich mir noch nie wirklich Gedanken gemacht."

„Dann denken Sie mal nach! Was spielt für den

Erfolg die wichtigste Rolle?"

„Glück vielleicht oder Zufall", antwortet Herr Reinhardt.

„Völlig falsch! Erfolg, mein lieber Herr Reinhardt, ist nichts anderes als die Trilogie von Money, Love und Energy. Wenn das Geld und die Sympathien Ihnen erst mal zufliegen und Sie dann noch die anderen mit Ihrer Gesundheit, Kraft und Energie anstecken, sind Sie direkt im Epizentrum des Erfolgs.

Wenn Sie jeden Morgen – und ich meine wirklich *jeden* Morgen – Ihre Ziele laut und deutlich artikulieren, dann, Herr Reinhardt, passiert das, was wir Coaches als „Self-Fulfilling Prophecy" bezeichnen, die sich-selbst-erfüllende-Prophezeiung. Sie sehen sich als Gewinner und werden zum Gewinner."

Herr Reinhardt schaut den Coach gebannt an, während dieser kurz auf seine Uhr blickt:

„Die Zeit ist schon wieder um. Aber es kommt noch das Wichtigste unserer heutigen Sitzung. Ab jetzt, Herr Reinhardt, glauben Sie an sich.

Versprechen Sie mir das! Hören Sie? Sie glauben jetzt an sich!"

Herr Reinhardt nickt, verabschiedet sich und verlässt den Raum. Beim Schließen der Tür fällt ihm wieder das Türschild auf, das er schon beim Betreten des Raumes gelesen hatte:

Raum Kennedy

Coaching Area

Als er den langen Flur zum Aufzug geht, fragt sich Herr Reinhardt, ob er wohl je so brillant und genial werden kann wie Kennedy oder Jim Corner.

„Klar, das Morgen-Gebet kann mir Kraft geben, wenn ich es nur irgendwie schaffe, noch mehr daran zu glauben. Schließlich hat es schon Tausenden vor mir geholfen. Aber", so denkt sich Herr Reinhardt, „wenn der Coach mir und meinen Kollegen rät, uns mit Hilfe des Self-Empowerments zu Money- und Love-Magneten zu machen und wir es tatsächlich schaffen sollten, als Love-Magneten alle anderen durch unsere Energie zu faszinieren und anzuziehen, wer bleibt dann noch übrig, den wir anziehen können? In der Firma sind ja dann alle Magneten."

Für einen kurzen Moment wird es ihm unheimlich, denn er stellt sich vor, wie alle 1400 Kollegen seines Konzerns in ihren Büros stehen und das Money-Gebet sprechen.

„Aber", so schießt es ihm durch den Kopf, „es werden ja keineswegs alle gecoacht. Es ist und bleibt ein echtes Privileg und der Coach hat bestimmt Recht - ich muss einfach weitermachen und an mich glauben."

Herr Reinhardt begegnet der Marke Ich

„Und, Herr Reinhardt", fragt der Coach, „wie geht es uns heute?"

„Ehrlich gesagt nicht so gut. Wir haben einen neuen Abteilungsleiter bekommen. Ich musste ihn als zuständiger Fachreferent zu einem Außentermin nach Frankfurt begleiten. Es war sehr unangenehm."

„Wieso - was war denn da so unangenehm?"

„Es war einfach peinlich. Ich habe mich geschämt, weil der neue, junge Chef während der Fahrt im Intercity ständig telefoniert und geschrien hat. Der ganze Wagon musste mithören und die Leute haben uns angeschaut, als wären wir Prols. Und ich kam mir ehrlich gesagt auch so vor."

„Warum – was hat er denn geschrien?"

„Na ja, einer seiner Außendienstler hat ihn wohl angerufen und von einem erfolgreichen Abschluss berichtet. Jedenfalls brüllte er in sein

Smartphone: ‚Du bist ja der Beste! Ist das geil? Ja, es ist geil!!! Du bist ja der Allerallergeilste!!!! What a deal! Wie hast Du den Kunden nur weichgekocht?!?'..."

„Aber das ist doch nicht schlimm. War das schon alles?", fragt der Coach.

„Nein, da ging es erst los. Er brüllte solche Dinge wie: ‚Du hast ihn echt fucking gut bearbeitet, Du alte Ratte!! Du bist die beste Drecksau in meinem ganzen Stall!'."

„Ja, zugegeben, das ist etwas derb," lenkt der Coach ein, „aber, Herr Reinhardt, ich verstehe immer noch nicht, was Ihr Problem damit ist? Er hat das doch zu seinem Außendienstmitarbeiter gesagt?"

„Ich weiß, aber ich würde niemals so rumbrüllen und offensichtlich waren auch die anderen Leute im Zug total entsetzt."

„Aber Herr Reinhardt, das müssen Sie doch verstehen. Schauen Sie mal, er ist gerade 27 Jahre, also halb so alt wie Sie. Er gehört zu einer neuen, sehr jungen und erfolgshungrigen Generation. Die haben nun mal einen flapsigeren und etwas aggressiveren Sprachstil. Ihr neuer Abteilungsleiter ist übrigens extra in den Konzern geholt worden, weil er diesen Schwung mitbringt. Für Ihren neuen Chef wurde vom Vorstand richtig Geld in die Hand genommen. Man hat ihn bei der Konkurrenz abgeworben, weil er einer der aggressivsten Vertriebler in der ganzen Branche ist und weil er zusätzlich die fünf besten Leute aus seinem Verkaufsteam mitgebracht hat. Wenn er im Intercity mal ein paar markige Sprüche reißt, macht er das, um seine Leute zu motivieren. Weiter nichts. Wenn das den Fahrgästen nicht passt, so what? Das dürfen Sie nicht persönlich nehmen. Er brüllt im Intercity, euphorisiert damit aber seine Außendienstler und erobert den Markt. Wenn er laut wird, hat das nichts mit Ihnen zu tun. Ziehen Sie sich diesen Schuh erst gar nicht an. Schauen Sie lieber, was Sie bei Ihrem Chef abgucken können für die Entwicklung Ihrer *Marke Ich*."

„*Marke Ich*?" fragt Herr Reinhardt erstaunt.

„Genau, es geht um die *Marke Ich* und um nichts anderes. In der freien Marktwirtschaft muss jeder seine Arbeitskraft so gut und so teuer wie möglich verkaufen. Das wissen Sie doch. Die Konkurrenz ist groß. Deshalb sollte jeder unbedingt seine *Marke Ich* entwickeln und sich unverwechselbar machen. Auch Sie, lieber Herr Reinhardt. Zeigen Sie den anderen, welche Alleinstellungsmerkmale Sie als Arbeitskraft haben. Was können Sie für den Konzern leisten, wozu allein Sie und niemand anderes im Stande ist? Ihr neuer Chef macht das bereits. Er hat sein Markenzeichen gefunden. Jeder in der Branche kennt und fürchtet ihn als bissigen Hund, Aggressive-Leader und charismatischen ‚General of Sales-Forces‘.“

„Mag sein“, erwidert Herr Reinhardt, „dass er ein bissiger Hund ist und seine Verkaufsmitarbeiter gut motiviert. Aber uns Innendienstler hat er, wenn ich das mal so sagen darf, ziemlich frustriert. Letzten Montag eröffnet er die Arbeitswoche in etwa so: ‚Wenn ich nur schon in Euer Office komme, wird mir ganz übel. Da weiß ich doch schon, was los ist. Ihr Luschen, Ihr Blindgänger, Ihr Low-Performer! Was könnt Ihr eigentlich außer Kaffee trinken und Kekse futtern? Ihr verdoppelt im nächsten Monat Euren Output, ist das klar? – Denn eines sage ich Euch ganz im Vertrauen: Ich werde meine Ziele erreichen. Wenn nicht mit Euch, dann mit einem neuen Team!"

„Aber Herr Reinhardt, auch darüber dürfen Sie sich nicht aufregen. Er muss so sprechen. Der kann gar nicht anders. Das ist genau sein Markenkern, sein Erfolgsgeheimnis. Er hat als Aggressive-Leader den ‚Bad biting Dog' in seinem Energiefeld verankert. Er bellt nun mal laut, wenn er in den Raum kommt. Dann treten erfahrungsgemäß schon mal alle einen Schritt zurück und haben Respekt. Aber seien Sie versichert, es wird nichts so heiß gegessen, wie es gekocht wird. Geben Sie nicht die beleidigte Leberwurst. Sie sollten sich lieber etwas von ihm abgucken. Etwas mehr Durchsetzungskraft täte gerade Ihnen sehr gut. Sie sitzen zu sehr in der Gefälligkeits- und Harmoniefalle. Das hemmt Ihr Fortkommen. Und – seien wir uns ehrlich – deshalb sind Sie ja auch hier. Sie müssen raus aus der Passivität."

„Ja, vielleicht haben Sie Recht und ich sollte mir etwas von seiner Aggressivität abgucken. Einen Augenblick lang hatte ich ja auch im Intercity einen solchen Gedanken – ich wollte ihm blitzschnell das Handy wegnehmen und aus dem Fenster werfen."

„Und warum haben Sie das nicht gemacht?"

„Na ja, es ging nicht. Im Intercity kann man das Fenster nicht öffnen."

Der Coach atmet tief ein und bläst dann demonstrativ die Luft durch die Lippen wieder heraus: „Seien Sie froh, Reinhardt. So haben Sie wenigstens Ihren Job gerettet. Einer wie der hätte Sie sofort entlassen. In Ihrem Fall rate ich Ihnen dringend zur Siegfried-Taktik. Kennen Sie Siegfried?"

„Meinen Sie den aus der Nibelungensage, der gegen den Drachen kämpft?"

„Ja, genau den. Er hat den Drachen auch besiegt. Und nicht nur den Drachen, er hat auch die unbesiegbare Walküre Brunhilde besiegt. Aber – was immer vergessen wird und viel wichtiger ist – er hat seine Siege nicht nur durch Kampf erzielt, sondern auch mit Hilfe von Tricks wie zum Beispiel seiner Tarnkappe. Immer wenn er sie aufgesetzt hat, war er unsichtbar und unverletzlich. Genau diese Tarnkappe, Herr Reinhardt, setzen Sie künftig in Gedanken auf, wenn Sie im Intercity sitzen und alle zu Ihnen rüber schauen, weil Ihr Chef zu laut ist. Machen Sie sich einfach für einige Zeit unsichtbar, lassen Sie nichts an sich heran!"

„Hmm ich weiß nicht recht - vielleicht hätte es dem Aggressive Leader und allen anderen viel mehr gefallen, wenn ich den Mut gehabt hätte, ihn am Telefonieren zu hindern."

„Glauben Sie mir bitte, das hätte ihm nicht gefallen und er hätte es auch nicht hingenommen. Ich weiß es, weil ich ihn auch coache."

„Ach, Sie coachen ihn auch? Na, dann könnten

Sie ihn ja darauf hinweisen, dass er mit uns besser umgehen soll."

„Das könnte ich, aber ich werde es sicher nicht tun. Ich bin der Charisma-Coach. Meine Aufgabe besteht darin, die *Marke Ich* von Ihnen, Ihrem Chef sowie allen anderen zu stärken und nicht darin, in das Tagesgeschäft hineinzureden. Ein Großkonzern funktioniert dann am besten, wenn jeder Einzelne seine *Marke Ich* optimal entwickelt und einbringt. Das gilt auch für Sie, Herr Reinhardt."

„Und wenn ich keine *Marke Ich* besitze?"

„Dann werden wir eine für Sie finden und entwickeln. Genau das, Herr Reinhardt, ist Ihre Hausaufgabe für die nächste Sitzung."

Der Charisma-Coach schaut kurz auf die Uhr. „Denken Sie nach, welche Stärken oder sagen wir mal, welche ausbaufähigen Anlagen und Eigenschaften Sie besitzen. Vielleicht ist Ihre *Marke Ich* ja die Ruhe, die Gelassenheit, die Ausdauer, die Geduld?"

Herr Reinhardt nickt.

„Und dann, Herr Reinhardt, habe ich da noch einen Leckerbissen oder besser gesagt ein Highlight für Sie. Am nächsten Wochenende halte ich ein Resilienz-Training, das ich Ihnen wirklich ans Herz lege. Da geht es nämlich genau darum, wie Sie künftig besser mit Stress, Aggression und Belastungen umgehen können. Normalerweise würde dieses Resilienz-Training tausendachthundert Euro für Sie kosten, aber das Unternehmen hat sich freundlicherweise bereit erklärt, für die von mir vorgeschlagenen Mitarbeiter alle Kosten zu übernehmen. Ich würde Sie, wenn Sie wollen, mit auf die Empfehlungsliste setzen. Was meinen Sie?"

Herr Reinhardt willigt ein, verabschiedet sich und verlässt den Raum ‚Kennedy'. Doch auf dem Weg zum Fahrstuhl kommt er ins Nachdenken.

„Wenn", so schießt es ihm durch den Kopf, „der Coach meinem Chef hilft, seine *Marke Ich* als bissiger Hund auszubauen und wenn er mir dabei hilft, meine Geduld auszubauen, wird dann nicht am Ende das Ungleichgewicht nur noch größer?"

Doch als sich die Türen des Fahrstuhls mit einem Klingelton öffnen, verwirft Herr Reinhardt seinen Gedanken und steigt ein. Schließlich wird er ja am Wochenende das teure Resilienz-Training bekommen, das seine Widerstandsfähigkeit stärkt.

„Dann", so denkt er, „werde ich das ganze viel besser aushalten können."

Herr Reinhardt macht das Resilienz-Training

Der Kennedy-Saal ist gut besucht. Die mobile Trennwand zwischen dem Coaching-Raum und dem großen Gruppenbesprechungszimmer wurde vom Facility-Service entfernt, so dass ein heller und großzügiger Raum entstand. Die Teilnehmer sitzen erwartungsvoll in drei Stuhlreihen vor der Referentenplattform. Auf dieser 40 Zentimeter hohen, improvisierten und modular zusammengesetzten Holzbühne steht ein Whiteboard.

Der Charisma-Coach betritt dynamisch den Raum und nimmt mit spielerischer Leichtigkeit die zwei Stufen. Er zückt den roten Textmarker, schreibt das Wort ‚Resilienz' und ein großes Fragezeichen auf das Whiteboard.

Resilienz ?

„Herzlich willkommen zum Resilienz-Training und gleich meine erste Frage an Sie. Warum sind Sie heute hier und was heißt eigentlich ‚Resilienz'?" Die Teilnehmer schweigen. Keiner will gleich zu Beginn etwas Falsches sagen.

„Nur Mut, wir sind unter uns!" motiviert der Coach.

„Ich habe gehört, Resilienz ist Widerstandsfähigkeit", meint ein Teilnehmer aus der ersten Reihe.

„Schon gar nicht so schlecht – also das Wort Resilienz kommt vom lateinischen Wort ‚resilere' und heißt wörtlich übersetzt ‚abprallen' oder ‚zurückspringen'. Genau darum geht es dieses Wochenende. Sie werden durch das Training in die Lage versetzt, stärker zu werden und Schlüsselkompetenzen zu erwerben, um Dinge an sich abprallen zu lassen. Zusätzlich lernen Sie, bestimmte Zumutungen und negative Energien umzulenken, umzuwandeln, ja sogar positiv für sich selbst zu nutzen. Verstehen Sie, es geht darum, dass all das, was Ihnen bisher emotional viel zu nahe geht und Sie schwächt, künftig keine Macht mehr über Sie hat. Kennen Sie Siegfried? – Niemand? Wer von Ihnen kennt noch das Nibelungenlied aus dem Deutschunterricht?"

Als der Charisma-Coach diese Frage stellt, erinnert sich Herr Reinhardt an die Tarnkappen-Strategie aus der letzten Sitzung. Doch er sagt lieber nichts und ist über seine Entscheidung froh. Denn diesmal geht es dem Coach um etwas ganz anderes. Er erzählt, wie der Held Siegfried im Drachenblut badet und dadurch unverwundbar wird, bis auf eine einzige Stelle, die beim Baden von einem Blatt verdeckt war. Dieses Blatt wird ihm später zum Verhängnis und kostet ihn sogar das Leben. Denn genau an seiner verwundbaren Stelle stößt ihm sein Feind Hagen den Speer in den Rücken.

„Unverwundbarkeit", so fasst der Coach zusammen, „ist ein sehr alter Menschheitstraum, den man in vielen Mythen und Erzählungen findet. Sogar die moderne Heldengestalt des

‚Superman' zeichnet sich vor allem durch seine Unverwundbarkeit aus. Sie alle", so verspricht der Coach, „werden heute und morgen an Ihrer Unverwundbarkeit arbeiten. Keine Sorge, Sie müssen nicht in Drachenblut baden. Die Wissenschaft hat inzwischen erheblich attraktivere Methoden entwickelt. Das Beste daran ist, es bleiben nicht – wie bei Siegfried – irgendwelche heiklen Stellen übrig, an denen ein Blatt Ihre Resilienz zunichte macht. Sie werden am Ende dieses Seminares eine zweite, schützende Haut haben."

Nach der Einführung macht der Coach mit der Gruppe ein „Brainstorming", das den Teilnehmern zeigen soll, wie wichtig Resilienz heutzutage ist. Jeder soll frei heraus und aus eigener Erfahrung über Situationen, Gespräche und Begegnungen berichten, bei denen er sich in irgendeiner Weise nicht gesehen oder verletzt gefühlt hat.

Es meldet sich jedoch keiner der Teilnehmer zu Wort und so entsteht ein zunehmend beklemmendes Schweigen. Doch der Coach bleibt souverän und setzt nach:

„Also, wo drückt der Schuh, was quält und schwächt Sie? Wogegen hätten Sie gerne eine dickere Haut? Nur raus damit, wir sind unter uns und ich bin Ihr persönlicher Coach", ermutigt er die Teilnehmer. „Es ist Ehrensache, dass alles, was hier im Saal Kennedy besprochen wird, unter uns bleibt und den Saal Kennedy niemals verlässt. So, und jetzt will ich bitte reihum etwas hören."

Der Coach steigt von seinem Podium und geht auf den ganz rechts sitzenden Teilnehmer in der ersten Reihe zu: „Machen Sie doch bitte den Anfang!"

Der Teilnehmer beginnt von der Arbeitsüberlastung zu sprechen. Statements anderer Teilnehmer schließen sich an. Bei jedem Beitrag wendet sich der Coach mit einer schnellen Drehung zum Whiteboard und bringt den Textmarker zum Einsatz. Er notiert je ein Stichwort aus den Wortmeldungen. Manche davon unterstreicht er:

- Gefühl der Überlastung
- Brutaler Termindruck
- Gefühl, der Sache nicht mehr gewachsen zu sein
- Stress
- Angst, Fehler zu machen
- Schuldgefühle
- Gefühl der Geringschätzung durch den Chef
- Keine Anerkennung der Leistung
- Gefühl, übergangen zu werden
- Angst vor der Kündigung
- Allgemeines Klima der Angst

Das Statement „Klima der Angst" greift er heraus: „Ja, das ist es, damit fangen wir an!", sagt er sehr entschlossen und schreibt die drei Worte nochmal riesig groß quer über den freien Platz des Whiteboards.

- Gefühl der Überlastung
- Brutaler Termindruck
- Gefühl, der Sache nicht mehr
  gewachsen zu sein
- Stress
- Angst, Fehler zu machen
- Schuldgefühle
- Gefühl der Geringschätzung
  durch den Chef
- Keine Anerkennung der Leistung
- Gefühl, übergangen zu werden
- Angst vor der Kündigung
- Allgemeines Klima der Angst

Klima der Angst

„Klima der Angst – sehr gut, wirklich sehr gut! Von wem stammt das Statement?" Eine Frau mittleren Alters mit zurückgestecktem Haar hebt etwas schüchtern die Hand. Sie ist überrascht und sichtlich darüber verunsichert, dass ausgerechnet ihr Beitrag nun so in den Mittelpunkt gestellt wird.

„Ein Klima der Angst sagen Sie. O.K., genau da liegt der Hund begraben. Kommen Sie doch bitte mal nach vorn zu mir hoch."

Zögerlich geht die Frau nach vorn und steigt auf das Podium. Der Coach befragt sie: „Wo ist denn konkret in unserem Unternehmen das Klima der Angst? Ich meine, wo sitzt es?"

„Na ja," antwortet die Frau vorsichtig, „es ist so ein Gefühl, dass man nichts Falsches tun oder sagen darf, dass man keine Schwäche zeigen oder krank sein darf, da man sonst vielleicht zu denen gehört, die zurückgestuft oder entlassen werden. Die geplanten Stellenstreichungen sind ja ein offenes Geheimnis. In der Abteilung Interne Dienste hat es ja schon 43 Kolleginnen und Kollegen..."

„Stopp – das meine ich nicht. Danach habe ich nicht gefragt. Nochmal – wir müssen jetzt genau hinschauen: Dieses Gefühl der Angst, wer hat denn das?"

Im Kennedy-Saal breitet sich wieder Schweigen aus. Keiner antwortet.

„Na, es ist doch ganz einfach. Hat denn das Unternehmen dieses Gefühl? Kann ein Unternehmen überhaupt Gefühle haben? Haben Institutionen Angst?"

„Nein", antwortet die Teilnehmerin und nimmt ihren ganzen Mut zusammen, „natürlich nicht das Unternehmen. Ich – ähh, ich habe Angst, aber nicht nur ich. Auch andere sagen hinter vorgehaltener Hand, dass sie sich große Sorgen…"

„Stopp! – Jetzt haben wir es! – S i e haben Angst. Das Gefühl gehört zunächst einmal Ihnen und nur Ihnen. Nicht das Unternehmen, sondern Sie haben dieses Gefühl. Und nun sagen Sie es doch bitte noch mal laut für alle: In wem steigt das Gefühl auf?"

„Na ja, in mir", bekennt die Teilnehmerin.

„Genau – und wer ist verantwortlich für das, was in Ihrem Inneren vor sich geht?"

„Ich selbst?", antwortet die Teilnehmerin fragend.

„Genau – und jetzt kommt der ‚Big Cut'. Ab

jetzt, ab diesem Moment, werden wir uns alle hier im Raum ein für alle Mal aus der Opferhaltung befreien und Verantwortung für unser Innenleben übernehmen. Es sind wir, die fühlen, denken und handeln. Wir selbst sind diejenigen, die für unsere Gefühle, unser Denken und unser Handeln verantwortlich sind."

Mit einer gönnerhaften Geste und einem dankbaren Nicken signalisiert der Coach der Teilnehmerin, wieder an ihren Platz zurückzukehren.

Er erläutert der Gruppe die Unterschiede zwischen Selbstverantwortung und Opferhaltung. Wobei die Opferhaltung die passive und einfache Reaktion ist: „Schuld sind die anderen und ich bin das arme Opfer, dem die Dinge passieren", dieser Glaubenssatz ist das Hauptmerkmal der Opferhaltung, sagt der Coach. „Selbstverantwortung hingegen ist Handeln und Arbeiten an sich selbst. Wer selbstverantwortlich ist, ist ein Mensch der Tat. Das ist manchmal anstrengender als Jammern. Aber – und das ist die gute Nachricht – wenn wir an uns arbeiten und Verantwortung übernehmen, haben wir das Steuer wieder in der Hand."

Er wendet sich der Gruppe zu:

„So, jetzt schaut jeder ehrlich auf sich selbst. Ich stelle Ihnen allen noch einmal die Schlüsselfragen. Wenn Sie mit ‚Ja‘ antworten wollen, heben Sie die Hand und sagen bitte laut und deutlich: ‚Ja, ich bin verantwortlich!‘ und zwar so laut, dass der Kennedy-Saal bebt."

Der Coach macht zwei Schritte auf die Gruppe zu und erhebt seine beiden Arme:

„Ich frage jeden Einzelnen von Euch, wer ist verantwortlich für Deine Gefühle?"

„Ich bin verantwortlich!" rufen die Teilnehmer und heben die Hand.

„Ganz genau – jetzt nochmal mit mehr Schmackes! Wer ist verantwortlich für Deine Gefühle?"

„Ich bin verantwortlich!!!"

„Wer ist verantwortlich für Dein Leben?"

„Ich bin verantwortlich!!!"

„Wer ist verantwortlich für Deinen Erfolg?"

„Ich bin verantwortlich!"

„Jetzt noch einmal alle zusammen", donnert der Charisma-Coach. „Sprecht mir nach: ‚Ich bin selbst verantwortlich für meine Gefühle, mein Leben, meinen Erfolg!'"

Die Teilnehmer sprechen es ihm nach und es entfaltet sich tatsächlich eine gewisse euphorische Stimmung. Durch das gemeinsame Sprechen fühlt sich jeder mit dem anderen verbunden, spürt die Stärke der Gruppe sowie seine eigene innere Stärke. Die Kollegen sind nicht mehr so fremd wie sie einem sonst erscheinen und es entsteht eine gewisse Aufbruchsstimmung.

Nur Herr Reinhardt bleibt aus einem, ihm selbst unerklärlichen Grund, etwas nüchtern, obwohl auch er die Sätze laut mitgesprochen hat. „Vielleicht" – so kommt ihm der Gedanke – „sind wir gerade jetzt, wo wir am lautesten ‚ich' sagen, am wenigsten wir selbst." Für einen Moment erinnert er sich wieder an seine Kindheit, an die Stimmung in der Kirche, als er zusammen mit allen anderen betete und sang, aber dennoch inmitten der Gläubigen wie ein Fremder stand. Er ist froh, den Grund für seine mangelnde Euphorie gefunden zu haben und beschließt, sich von der Vergangenheit zu lösen.

Der Coach veranlasst noch eine kleine Gruppenübung, um das Gelernte zu festigen. Jeder wiederholt mit dem rechts von ihm sitzenden Nachbarn die Verantwortungsformel. Es wird viel gelacht und alle nicken sich Mut machend zu. Die Teilnehmer entwickeln langsam das Gefühl, dass sie ihr Schicksal selbst in die Hand nehmen und ihre Gefühle kontrollieren können.

Am zweiten Trainingstag plaudert der Coach aus dem Nähkästchen. Er hat bereits erfolgreich Resilienz-Seminare bei der Polizei durchgeführt. „Denn die Polizeibeamten werden", so der Coach, „zunehmend aggressiv beleidigt und beschimpft, dürfen aber nicht in gleicher Weise antworten und reagieren. Sie müssen deeskalieren und souverän bleiben. Dazu benötigen sie Resilienz als ‚invisible wall', als unsichtbare Wand, die sie schützt sowie dabei hilft, ihre Identität auch bei

Kränkungen aufrecht zu erhalten, ohne dabei Schaden zu nehmen. Die Lösung ist einfach: Sie müssen einerseits ihre eigenen Gefühls- und Denkmuster kontrollieren und managen, aber zugleich die aggressiven Gefühlsanteile anderer auch komplett bei diesen belassen. Denn die gehören ja zu denen und sind deren Problem. Warum soll man sie belohnen, indem man ihre Aggressivität akzeptiert und auf gleicher Ebene beantwortet? Nein, wir lassen den Aggressor mit seinen Gefühlen allein."

Dann kommt Herr Reinhardt selbst ins Spiel. Ohne seinen Namen zu nennen, thematisiert der Coach im Seminar das Problem, dass sich Mitarbeiter oft vom Chef ignoriert, nicht anerkannt oder sogar gedemütigt fühlen.

„Nehmen wir mal folgendes hypothetisches Beispiel", beginnt der Coach seine Ausführungen und sieht dabei Herrn Reinhardt mit einem Augenzwinkern an: „Ihr neuer Chef ist noch ein junger Hüpfer, der etwas forsch und offensiv mit Anglizismen von der Uni um sich wirft und

Sie zudem noch etwas aggressiv und wütend anspricht, um Sie zu größeren Leistungen zu motivieren. Wie reagieren Sie am besten? Na, ganz einfach, Sie bauen erst einmal wie die Polizeibeamten Ihre ,invisible wall' auf. Wir haben es oft genug geübt und wissen jetzt, dass die aggressiven Gefühle des Chefs erst mal seine eigenen Gefühle sind. Wir lassen also die Wut und die Aggression erst einmal ganz bei ihm. In einem zweiten Schritt schauen wir, was inhaltlich tatsächlich an seiner Kritik richtig ist und versuchen dann, unsere Leistung entsprechend zu optimieren. Das ist angewandte Resilienz."

Es folgen eine Reihe von praktischen Übungen, in denen jeder abwechselnd den aggressiven Chef oder den resilienten Mitarbeiter spielt, und so sein Resilienz-Repertoire erweitert und verfeinert.

„Es geht bei allen Übungen letztlich um Dasselbe. Sie lassen sich nicht mehr von Ihren spontanen Gefühlen überwältigen. Sie reagieren also nicht plump aus dem Bauch heraus, sondern versuchen Ihre Gefühle erst mal sauber zu erkennen, zu analysieren und zu kontrollieren. Ab heute, versprechen Sie mir das, werden Sie Ihre destruktiven Gefühls- und Gedankenmuster frühzeitig erkennen und eine Frustbremse einbauen. Geben Sie Ihren negativen Gefühlen von Anfang an keinen Raum, sich auszubreiten."

Am Nachmittag versucht der Coach noch einmal alle Teilnehmer zu ermutigen:

„Resilienz ist keine Zauberei! Sie ist auch kein angeborener Glücksfall. Es gibt nicht zwei Gruppen von Menschen, die Resilienten und die Nicht-Resilienten. Jeder von euch, wirklich jeder einzelne Mitarbeiter des Konzerns, kann seine Resilienz als innere Stärke aufbauen und stählen, bis sie am Ende unantastbar wird. Ich wünsche mir, dass künftig nichts mehr – und ich sage gar nichts mehr – euch aus der Fassung bringen kann. Egal, ob Ihr euch überfordert, im Zielgespräch nicht ausreichend gewürdigt fühlt, oder den Eindruck habt, dass Ihr bei Beförderungen übergangen, Eure Arbeit finanziell nicht genügend belohnt wird, oder Ihr euch bei einem Projekt nicht anerkannt fühlt, in jedem Fall solltet Ihr euch dann auf Eure innere Stärke besinnen. Denkt an die ‚invisible wall‘. All das kann und wird euch im Endeffekt nichts anhaben. Und jetzt zeige ich Ihnen etwas ganz Entscheidendes.“

Der Coach geht zu seinem Moderationskoffer und holt zum Erstaunen der Teilnehmer einen großen gelben Haushaltsschwamm heraus:

„Was habe ich hier?“

„Einen alten, gelben, löchrigen Schwamm“, sagt ein Teilnehmer scherzhaft.

„Ja – und was kann man mit dem machen? Welche Eigenschaft hat dieser Schwamm?“

"Na, man kann mit ihm putzen und etwas aufsaugen.“

„Richtig, aber die alles entscheidende Eigenschaft zeige ich Ihnen jetzt!“

Der Coach drückt den Schwamm zusammen, bis er ganz in seiner geballten Faust verschwindet. Dann öffnet er die Hand und der Schwamm entfaltet sich wieder.

„Haben Sie das gesehen? Ist das nicht faszinierend? Man kann ihn zusammendrücken, aber Sekunden später ist er wieder da und zwar genauso, wie er vorher war. Mit Hilfe dieses Schwammes verrate ich Ihnen jetzt die Geheimformel der Resilienz, die ich auch den vielen Polizei-Beamten erfolgreich an die Hand gegeben habe. Erinnert Ihr euch an das lateinische Wort ‚Resilienz‘! Es heißt ‚abprallen‘ und ‚zurückspringen‘. Der Begriff Resilienz kommt ursprünglich aus der physikalischen Materiallehre. In der Physik beschreibt er das Phänomen, dass hochelastische Materialien nach einer Verformung wieder in ihre ursprüngliche Form ‚zurückspringen‘. Und eben einen solchen resilienten Gegenstand haben wir hier im Saal Kennedy bei uns!"

Der Coach drückt den Schwamm ein weiteres Mal fest zusammen und lässt ihn wieder los.

„Das ist Resilienz! - Genau so machen wir es auch. Jeder von uns zieht sich bei zu großem Druck zusammen. Das ist ganz natürlich. Manchmal werden wir auch durch äußeren Druck im Berufsleben zusammengepresst, was leider immer wieder mal vorkommt, aber wir wissen, dass das nicht schlimm ist. Denn sobald der Druck nachlässt, entspannen wir uns wieder und kehren in unsere natürliche Ausgangsform zurück. Wir Coaches nennen diese Fähigkeit auch das ‚jump back‘. Schon die Indianer kannten und praktizierten diese Form der Resilienz. Sie kennen bestimmt das alte indianische Sprichwort: ‚Beuge dich wie das Gras im Wind und stehe wieder auf, sobald er vorüber ist.‘“ Im Saal kommt kurzes Tuscheln sowie leichtes Gelächter auf.

„Ja, Sie lachen, aber so einfach ist es. Die Polizisten bleiben beispielsweise völlig ruhig, wenn ein Sturm über sie hinwegfegt. Sie lassen die aggressiven Schimpfer einfach mit ihrer Aggression allein, ohne Schaden zu nehmen. Danach erheben sie sich und machen wieder ruhig und konzentriert ihren Job.“

„Das gilt auch für Sie. Wenn Sie merken, dass etwas Sie zu sehr stresst, Ihnen zu nahe geht, Sie emotional in die Enge treibt, Sie sogar knicken oder entwurzeln könnte, dann biegen Sie sich wie das Gras und stehen hinterher wieder auf. Natürlich wird der eine oder andere sagen, ich habe diese innere Resilienz noch nicht, ich bin einfach schnell beleidigt. Aber gerade, wenn es so ist, müsst Ihr ab heute regelmäßig an Eurer Resilienz arbeiten. Sie können Ihre Erholungsfähigkeit selbst verbessern. Das ist sehr wichtig, denn wer sich schnell erholt, kann auch mehr leisten.

Und eines steht fest: Wer seine Resilienz steigert, wird der Zukunft ganz anders begegnen. Denn die Märkte sind zunehmend volatil. Produkte, die heute noch verkauft werden können, finden vielleicht schon morgen keine Abnehmer mehr. Der moderne Mitarbeiter muss stressresistent und belastbar sein. Jobs kommen und gehen. Neue Arbeitsmärkte entstehen und verschwinden über Nacht. Es gibt in der Marktwirtschaft ein ständiges Wachsen und Schrumpfen, ein Auf und Ab. Das ist wie Gewitter und Sonnenschein, es gehört einfach dazu.

Ich habe Ihnen im Resilienz-Training Werkzeuge an die Hand gegeben, diesen Herausforderungen zu begegnen. Entscheidet künftig einfach selbst, welche Gefühle Ihr zulassen wollt und welche nicht. Stimmungs- und Gefühlsmanagement ist im Arbeitsleben das A und O. Also – das tägliche Training nicht vergessen. Viel Erfolg!

Alle klatschen. Die Teilnehmer packen zügig ihre Sachen und nehmen ihre Jacken und Mäntel von der improvisierten Beistellgarderobe. Noch einmal gehen Herrn Reinhardt die Worte des Coaches durch den Kopf: „Neue Absatzmärkte entstehen so schnell wie sie verschwinden. Das Auf und Ab gehört dazu wie Sonnenschein und Gewitter. Die Mitarbeiter entscheiden selbst, ob sie das Gefühl der Angst zulassen oder nicht."

Alles schien ihm sehr einleuchtend, aber, so fragte er sich: „Fehlt den vielen Mitarbeitern, die sich Sorgen um ihren Arbeitsplatz machen, nur das richtige Stimmungs- und Gefühlsmanagement? Oder ist vielleicht doch etwas Wahres an diesen Gefühlen? Nein", dachte Herr Reinhardt, „das kann nicht sein, sonst wäre der Coach nicht so erfolgreich." Künftig, so sein fester Vorsatz, würde auch er resilienter werden.

Herr Reinhardt feiert einen großen Erfolg

Bereits zwei Wochen später kann Herr Reinhardt das Gelernte anwenden. Ein Drittel aller Mitarbeiter der Abteilung müssen zu Deichmann, dem Personalchef. Und jeder von Ihnen weiß, dass das nichts Gutes bedeutet. Alle haben schriftlich eine freundliche Einladung mit Uhrzeit und Termin bekommen. Da solche Gespräche manchmal etwas länger dauern als geplant, sitzt Herr Reinhardt auf einem der Stühle im Gang und wartet. Eigentlich wäre er schon seit einer halben Stunde an der Reihe. Endlich geht die Türe auf und ein Kollege kommt heraus. Da weder die Sekretärin, Frau Glaser, noch Herr Deichmann in der Nähe sind, fragt Herr Reinhardt neugierig:

„Und, wie war's?"

„Das sind die Allerletzten da drin. Die machen dich fertig. Totale Erpressung. Ich hab' so einen Hals! Ich hab' so einen Hals!!!"

Der Kollege stapft frustriert und mit hängenden Schultern den Flur entlang zum Aufzug. Herr Reinhardt schaut ihm versonnen nach, als er selbst von Frau Glaser hereingebeten wird. „Ich", so dachte sich Herr Reinhardt „werde mich nicht so runtermachen lassen. Ich werde denen mal zeigen, was Resilienz ist."

Zu seinem Erstaunen trifft er im Besprechungszimmer nicht nur den Personalchef Deichmann, sondern auch seinen neuen dynamischen Abteilungsleiter. Dieser kommt auch gleich auf ihn zu und begrüßt ihn seltsam überschwänglich und dem Anlass unangemessen:

„So, Herr Reinhold, schön Sie hier zu haben, ich grüße Sie, nehmen Sie Platz! Herr Reinhold, Sie wissen ja sicher, um was es heute geht..."

„Reinhardt, er heißt Herr Reinhardt", unterbricht ihn der Personalchef Deichmann.

Der Abteilungsleiter, nicht gewohnt, unterbrochen oder gar verbessert zu werden, wirft Deichmann einen bösen Blick zu und überspielt die Verwechslung mit einem Lächeln:

„Reinhold, Rheingold, Reinhardt, was soll's? Jedenfalls ein Uraltname."

Herr Reinhardt wundert sich, dass der neue Chef auch nach zwei Monaten seinen Namen immer noch nicht kennt. „Gut", denkt er sich in aller Ruhe, „wahrscheinlich habe ich meine *Marke Ich* noch nicht gut genug präsentiert."

„So, ich fasse es mal kurz, bevor der Kollege vom Personal Ihnen die Details wieder viel zu ausführlich erzählt. Wenn Sie versprechen, sich echt reinzuhängen und damit meine ich Vollgas geben, volles Rohr, voller Einsatz, dann bekommen Sie noch mal eine Chance in meiner Abteilung und das heißt einen neuen Arbeitsvertrag. Der alte Vertrag wird heute mit Ihrer Zustimmung aufgelöst. Andernfalls trennen sich unsere Wege und wir müssen eine betriebsbedingte Kündigung aussprechen. Sie wissen ja selbst, Sie sind nun wirklich nicht mehr der Jüngste und das Unternehmen braucht für die Marktoffensive Topseller, die voll im Saft stehen…"

„Stopp, stopp stopp!", mischt sich nun der

Personalchef ein und gibt dem Gespräch eine neue, versöhnlichere Richtung: „Herr Reinhardt, wir schätzen selbstverständlich Ihre Erfahrung und die langen Jahre, die Sie dem Unternehmen loyal zur Seite gestanden sind."

„Immerhin etwas", so denkt Herr Reinhardt. Und doch ärgert er sich über die Anspielung auf sein Alter. Schließlich gehört er mit zweiundfünfzig Jahren durchaus noch nicht zum alten Eisen. Aber er sagt nichts dazu. Er bleibt völlig resilient.

Wie er es gelernt hat, baut er eine „invisible wall" auf, weicht dem Sturm aus und duckt ab. Er lässt die Aggression seines Chefs komplett unbeantwortet. Und überhaupt, so weiß Herr Reinhardt mittlerweile, gehört die Aggression zur *Marke Ich* seines Abteilungsleiters und hat schon deshalb nichts mit ihm zu tun.

Der Personalchef, sichtlich um den moderaten Fortgang des Gesprächs bemüht, erklärt Herrn Reinhardt, dass er zu den ausgewählten Mitarbeitern gehört, mit denen die Firma auf jeden Fall weiter zusammenarbeiten will. Allerdings müsse er einen kleinen Gehaltsverzicht hinnehmen und hätte als Fachreferent künftig keine zugeordneten Mitarbeiter mehr, sondern müsste die anfallenden Aufgaben persönlich übernehmen. Wenn es zu Überlastungen käme, könne er sich vertrauensvoll an seinen hier anwesenden Abteilungsleiter wenden, der dann entscheidet, ob und wie die Arbeit auf andere Schultern verteilt werden kann. Er sei damit aber keine Führungskraft mehr und müsse auf ein Viertel seines bisherigen Gehaltes verzichten. Auch würde sein bisher unbefristeter Vertrag in einen Zeitvertrag für fünf Jahre umgewandelt. Das sei aber immerhin ein sehr langer Zeitraum. Falls er dieses Angebot nicht annehmen wolle, stünde allerdings eine betriebsbedingte Kündigung an. Eventuell würde man mit ihm aber auch einen Aufhebungsvertrag in gegenseitigem Einvernehmen aushandeln können, weil er ein so langjähriger und verdienter Mitarbeiter sei:

„Also Herr Reinhardt, was sagen Sie? Wollen

Sie unter den neuen Bedingungen weiterarbeiten, was ich sehr hoffe, oder doch lieber den Betrieb mittelfristig verlassen? Sie müssen sich natürlich nicht gleich entscheiden, sondern können den Vertrag mit nach Hause nehmen und uns in einer Woche ...“

„Nicht nötig“ unterbricht Herr Reinhardt und deutet mit dem Finger auf die zwei Ausführungen des Arbeitsvertrages. Als der Personalchef sie zu ihm rüberschiebt, sagt er mit ruhiger fester Stimme: „Was soll's, die Märkte sind volatil“. Er unterschreibt ohne eine Miene zu verziehen, verlässt erhobenen Hauptes den Raum und schließt die Tür:

„Die haben sich an meiner Resilienz die Zähne ausgebissen“, denkt er bei sich und geht zügig den Gang entlang zum Aufzug.

Am nächsten Tag erzählt er der Abteilung von seiner Weiterbeschäftigung und gibt eine Flasche Sekt aus. Da dies nicht mehr in der Dienstzeit passieren darf, sind nur mehr sehr wenige Kollegen da. Diese aber erheben die Gläser und stoßen auf ihn an: „Auf Sie, Herr Reinhardt!"

Er sieht in freundliche und lachende Gesichter. Frau Kretschmer hat sogar Plätzchen gebacken. Gut, es ist Weihnachtszeit und vielleicht hätte Frau Kretschmer sie ohnehin gebacken, aber in jedem Fall ist es eine nette Geste. Doch irgendetwas trübt seine Stimmung. Er weiß zunächst nicht genau, was es ist. Ist es die Unsicherheit der letzten Tage? Die Sorge, gekündigt zu werden, die Miete irgendwann nicht mehr zahlen zu können? Und – würde er sich womöglich in fünf Jahren, wenn der neue Vertrag ausläuft, wieder die gleichen Sorgen machen müssen?

Er denkt an seinen Vater. Er hat lebenslang bei einer einzigen Firma gearbeitet. Er jedoch musste schon zweimal wechseln. „Aber", so wiederholt Herr Reinhardt nun für sich selbst die Worte des Coaches, „es war eben eine ganz andere Zeit. Die Märkte sind volatiler geworden. Produkte, Technologien, Herstellungsmethoden und Vertriebswege, die heute noch funktionieren, können morgen schon überholt sein. Deshalb ändert sich natürlich auch der Bedarf an qualifizierten Mitarbeitern. Ich muss einfach flexibel sein. Und überhaupt, eine Verlängerung um fünf Jahre, das ist doch was."

Er atmet auf, denn jetzt fällt ihm ein, dass er im Coaching doch schon viel gelernt hat. Es gibt immer zwei Betrachtungsweisen: Das Glas ist halb leer oder das Glas ist halb voll. Und, so hatte der Coach ihm gesagt, du selbst bist verantwortlich für deine Gefühle. Raus aus der Opferhaltung! Du selbst entscheidest, welche Betrachtungsweise du wählst, welchem Gefühl du erlaubst, sich auszubreiten. Jammern und wehklagen, dass du nur noch einen Zeitvertrag hast oder umgekehrt deinen Erfolg feiern, fünf ganze Jahre gewonnen zu haben. Herr Reinhardt entscheidet sich für den Erfolg. Und überhaupt – was soll das ganze Nachdenken darüber, was passieren wird, wenn der Zeitvertrag ausläuft. Hätte Jim Corner darüber nachgedacht? Sicher nicht! Und Herr Reinhardt weiß: „Heute feiere ich einen großen Erfolg!"

Es war offenbar eine gute Entscheidung. Jedenfalls lobt ihn der Coach in der darauffolgenden Sitzung. Das hatte er zuvor noch nie getan: „Gratuliere, Herr Reinhardt, Sie haben souverän und richtig gehandelt."

Doch bei Herrn Reinhardt hat sich in der Zwischenzeit ein leiser Zweifel eingestellt:

„Ich bin mir nicht mehr so sicher, ich habe gestern meine neue Gehaltsabrechnung bekommen; es ist doch erheblich weniger Geld und die Arbeit ist bei aller Entschlossenheit einfach nicht zu bewältigen. Wenn ich ganz ehrlich bin, fühle ich mich irgendwie betrogen."

„Ohh nein, machen Sie das jetzt bitte nicht!", erwidert der Coach mit einem Stöhnen. „Wenn ich das schon höre: Gehaltsabrechnung – betrogen – weniger Geld.... Immer nur ‚Haben, Haben, Haben'! Sie denken immer nur ans Haben und das ist Ihr Problem. Aber trösten Sie sich, damit sind Sie nicht allein. Die ganze Gesellschaft lebt viel zu wenig im ‚Sein'. Es geht allen immer nur ums Geld, ums Auto, die Wohnung, den Konsum, die Reisen, also eben nur ums Haben und das wundert mich auch nicht. Seit der Kindheit werden wir doch alle in dieser Gesellschaft materialistisch zum ‚Haben' erzogen. Verstehen Sie, Herr Reinhardt, das mehr oder weniger Haben ist doch letztlich nur ein Problem Ihrer eigenen Selbstwahrnehmung und der ständigen Vergleiche mit anderen."

„Aber ich vergleiche mein Gehalt nicht mit anderen, sondern mit dem, was ich selbst hatte."

„Ja, aber Sie vergleichen! - und das ist generell schon der falsche Weg, vor allem dann, wenn es Ihnen vermeintlich schlechter geht. Sie sind doch wegen ein paar Euro weniger als Mensch nicht gleich weniger wert. Oder können Sie etwa Ihre Rechnungen nicht mehr zahlen?"

„Nein, das geht natürlich noch", antwortet Herr Reinhardt.

„Sehen Sie, das Gejammere ist unangebracht. Damit laufen Sie Gefahr, wieder keine Verantwortung mehr für sich selbst und Ihre Entscheidung zu übernehmen. Ich weiß nicht, warum Sie so an Altem festhalten. Vielleicht hat man

Ihnen in der Kindheit mal etwas weggenommen, das Sie sehr geschätzt haben. Vielleicht bekamen Sie zu wenig materielle Zuwendung, was ja oft als Geringschätzung und Liebesentzug empfunden wird. Viele Menschen leiden unterschwellig daran, dass sie seit der Kindheit das Gefühl haben, zu kurz zu kommen. Kommt Ihnen das bekannt vor?"

„Weiß nicht", antwortet Herr Reinhardt.

„Sehen Sie, Sie wissen es nicht. Weil Sie Ihr Kind-Ich wahrscheinlich noch gar nicht kennen. Ich vermute aber, dass in Ihrem Unterbewusstsein das Kind-Ich am Steuer sitzt und Sie hemmt."

„Und wenn es so ist, was kann ich da tun?"

„Es gibt durchaus Möglichkeiten, dass Sie Ihr Kind-Ich entdecken, sich mit ihm versöhnen, sich emanzipieren und die Kontrolle über Ihr Leben zurückerlangen. Ich habe da eine junge Kollegin, die ganz hervorragende Seminare zum Thema „Entdecke dein inneres Kind!" macht. Ist allerdings nicht billig und wird auch nicht von der Firma bezahlt. Sie sollten es aber unbedingt machen."

Herr Reinhardt beschließt das Seminar zu machen.

Auf dem Heimweg kauft er ein Brot. In der Verkaufstheke liegen auch frische Donuts. Herr Reinhardt muss unweigerlich an Jim Corner denken und fragt sich, was wohl passiert wäre, wenn dieser statt eines Donuts eine Cola gekauft hätte. „Wäre die Ameise dann ohne Brösel – völlig unbemerkt – den Baum hochgeklettert und Jim Corner heute noch arm und unbedeutend?"

Herr Reinhardt sucht das innere Kind

Die Seminarleiterin macht mit der Gruppe eine praktische Übung.

„Ich spiele jetzt die Entspannungsmusik. Erinnern Sie sich dann bitte, soweit Sie können, zurück. Erinnern Sie sich an Ihr inneres Kind, an Ihr frühes zartes Selbst, an Ihre Grundstimmung als kleines und verletzliches Wesen, auch und gerade an Situationen und Stimmungen, in denen Sie traurig oder ganz allein waren. Erinnern Sie sich an frühe prägende Erlebnisse, an die schönen, aber auch an die schlimmen. Jeder von uns trägt nämlich sowohl ein Sonnen-Kind mit wunderbaren Gefühlen in seinem Inneren als auch ein Schattenkind mit dunklen Seiten. Beide sind jetzt erlaubt und zulässig. Beide wollen wir kennen lernen. Unser Kind-Ich offenbart sich uns wie im Märchen in ganz verschiedenen Bildern und Gestalten: Das kann ein einprägsames Erlebnis, ein Gefühl, ein Gespräch oder eine

Person sein. Wir entspannen jetzt mal alle, gehen so weit wie möglich zurück und warten einfach geduldig, was uns so in den Sinn kommt. Schließt die Augen und geht zurück in die Kindheit!"

Die Trainerin betätigt den Regler des Lautsprechers und eine getragene Meditationsmusik erklingt. Herr Reinhardt tut sich schwer. Zunächst erinnert er sich an gar nichts, doch dann kommt ihm sein Großvater in den Sinn, der oft vom Krieg erzählt hat. Er hört ihn ganz deutlich:

„Weißt du, mein Junge, das Maschinengewehr bedeutet das Ende des Heldentums! Achill ist noch vorne weggelaufen, Hannibal stand in der ersten Reihe und Alexander der Große hat seine Reiterei persönlich in die Schlacht geführt. Heutzutage würden alle drei im Kugelhagel der Maschinengewehre weggemäht, noch bevor sie überhaupt auf die feindlichen Linien treffen. Das Maschinengewehr ist der Tod der Helden. Glaube mir, mein Junge, vorpreschender Wagemut hat ausgedient. Der wahre Held bleibt heutzutage ruhig in seiner Deckung. Um ihn herum explodieren die Geschosse, er zieht nur den Kopf ein und wartet. Weißt du eigentlich, dass ich so den ganzen Wahnsinn überlebt habe? Weißt du das?", fragte der Großvater nach. Es war natürlich nur eine rhetorische Frage und ohne eine Antwort abzuwarten, fuhr er fort:

„Ja, ich habe stillgehalten und bis zum letzten Augenblick gewartet. Erst als der Feind direkt vor mir stand, bin ich aus meinem Schützengraben aufgetaucht und habe ihn niedergestreckt. Verstehst du Junge, das Überraschungsmoment! Darauf kommt es an! Du musst das Überraschungsmoment nutzen. Merke dir das für dein Leben! Wenn sie dir ans Leder wollen, steckst du erst mal alles ruhig ein, duckst ab und wartest bis zu dem Moment, an dem du das sichere Gefühl hast – jetzt! Genau jetzt ist es Zeit aus der Deckung zu gehen. Du entsicherst deine Walther P 38, zielst und drückst ab."

Die Seminarleiterin dreht die Musik langsam immer leiser, bis sie im Raum verklingt. Eine Weile herrscht Stille, dann schlägt sie einen Gong, der die Teilnehmer wieder aus ihrer Kindheits-Meditation zurückholt.

Sie rollen die Matten ein und bilden einen Stuhlkreis. Reihum erzählt jeder seine Erinnerungen. Die Schilderungen sind anfangs etwas verhalten. Da ermutigt die Seminarleiterin die Teilnehmer, sich nicht zu schämen und auch Trauriges oder vielleicht Lächerliches und Unschönes ebenso zu thematisieren, wie die guten und schönen Gefühle. Dabei sollte jeder Teilnehmer zunächst das ungefähre Alter sagen, das er zum Zeitpunkt des Kindheits-Erlebnisses hatte. Dadurch könnten alle anderen die Erlebnisse und Gefühle viel besser einordnen und nachempfinden. Einer nach dem anderen erzählt nun ausführlich, mal mehr, mal weniger ergreifende Momente aus seiner Kindheit. Dann ist Herr Reinhardt an der Reihe.

„Jetzt Sie, Herr Reinhardt, was haben Sie memoriert und wie alt waren Sie?"

„Sechs Jahre - und es waren nur ein paar Sätze meines Großvaters," antwortet Herr Reinhardt.

„Von Ihrem Großvater, das ist ja schön," ermutigt ihn die Trainerin, „Was hat er denn alles zu Ihnen gesagt, Ihr Herr Großvater?"

„Das Maschinengewehr ist der Tod des Helden."

„Ahh", sagt die Trainerin etwas irritiert, fasst sich aber gleich wieder und fragt einfühlsam: „Was meinte er denn damit? Was wollte er Ihnen damit sagen?"

Herr Reinhardt erklärt, dass ihm der Großvater etwas fürs Leben mit auf den Weg geben wollte und endet mit dem Satz: „Zeit aus der Deckung zu gehen!"

„Und wie ging es Ihnen bei dieser Geschichte?", fragt die Trainerin nach. „Ich meine, Sie waren ja noch sehr klein? Gerade mal sechs Jahre, das war doch bestimmt etwas unheimlich. Hatten Sie Angst?"

„Nein, ich habe ihm nur zugehört und ich habe ihm geglaubt, er hatte es ja selbst erlebt."

„Er war also im Krieg?"

„Ja."

„Aber warum? Warum haben Sie sich heute in

der Kindheits-Meditation genau daran erinnert? Ich meine, haben Sie eine Idee oder ein Gefühl, warum Ihnen genau diese Worte des Großvaters in Erinnerung blieben?"

„Nein."

„Dann, Herr Reinhardt, ist es Ihre Hausaufgabe, genau hinzuschauen, was der Großvater Ihnen damit sagen wollte. Was ist bei Ihnen angekommen und warum hat es sich in Ihr Gedächtnis eingegraben? Sie sollten jetzt tief in sich hineinhorchen."

Auch alle anderen Teilnehmer bekommen eine Hausaufgabe. Die Seminarleiterin erklärt, dass es letztlich darum geht, das innere Kind zu befreien. Denn das innere Kind ist meistens verschüttet oder vom Erwachsenen-Ich unterdrückt und somit in die Dunkelheit verbannt. Es meldet sich aber unterschwellig und kann dann sogar destruktiv wirken. Deshalb müssen wir es erst einmal wiederentdecken und zulassen. Sonst steht es uns im Weg und erschwert unser Leben. Wir werden dann in bestimmten Situationen unbewusst in unserem Denken, Fühlen und Handeln eingeschränkt. Das Ziel des Seminares sei es schließlich, die Fähigkeit zu entwickeln, sein eigenes unterdrücktes Kind-Ich wieder gelten zu lassen, zu umarmen und mit ihm Freundschaft zu schließen. Wenn es uns nämlich gelingt, so die Trainerin, unserem Kind-Ich eine Heimat zu geben, dann können wir sowohl unsere lustvollen infantil neugierigen Anteile, also unser Sonnenkind, als auch die tragisch traurigen Anteile unseres Schattenkindes in unser Leben integrieren. Erst dann werden wir wieder zu kompletten und runden Persönlichkeiten.

„Sie alle haben die großartige Möglichkeit", so schließt die Trainerin das Seminar, „durch die Umarmung Ihres bislang verborgenen Kind-Ichs, Ihr Erwachsenen-Ich massiv zu stärken. Sie werden dann Ihre Probleme und Konflikte in Beziehungen, in der Arbeit oder im Alltag souverän und eigenverantwortlich lösen."

Das beeindruckt Herrn Reinhardt sehr, und er nimmt sich vor, die Großvatergeschichte besser in sein künftiges Leben zu integrieren, ihr vielleicht sogar eine Heimat zu geben. Schließlich wollte der Großvater ihm ja etwas fürs Leben auf den Weg geben. Herr Reinhardt mochte seinen Großvater sehr, vielleicht auch weil er eine ähnlich ruhige und zurückhaltende Art hatte.

Während der ganzen Zeit in der S-Bahn und auf dem Fußweg nach Hause geht Herr Reinhardt die Großvatergeschichte nicht mehr aus dem Kopf. Daheim angekommen, holt er, wie von einer unsichtbaren Kraft geführt den Kellerschlüssel aus dem Schrank und steigt die Treppe runter. Er öffnet den Holzverschlag und durchsucht vorsichtig mehrere Kartons und Kisten. Dann zieht er ein unförmiges Teil heraus, eingewickelt in ein samtenes Tuch. Er packt es behutsam aus – es ist die Pistole des Großvaters aus dem Zweiten Weltkrieg. Herr Reinhardt wischt den Staub ab und liest die Metall-Prägung: P 38.

Kein Zweifel, es war jene „Walther P 38", die dem Großvater das Leben gerettet hatte. In derselben Kiste findet Herr Reinhardt noch zwei ebenfalls verstaubte Munitionsschachteln. Eine davon schüttelt er und hört das Klappern der Patronen. Er legt die Schachtel in die Kiste zurück. Wie er so im Halbdunkel des Kellers steht, gehen ihm wieder Gedanken durch den Kopf. Kann ich die Großvatergeschichte in mein Erwachsenen-Ich integrieren?

„Junge, du musst spüren, wann es Zeit ist, aus der Deckung zu gehen!", geht es ihm wieder und wieder durch den Kopf. Warum hatte sich dieser Satz so eingeprägt? „Und" – so fragt er sich, „gehört diese Geschichte zu meinem Sonnen- oder zu meinem Schattenkind? Wie soll ich damit umgehen?"

Herr Reinhardt wusste es nicht – noch nicht.

Herr Reinhardt sagt etwas

Die riesige Halle ist fast bis auf den letzten Platz gefüllt. Alle sind sie da: Die Vorstände, die Bereichs- und Abteilungsleiter, die Fachreferenten, der komplette Betriebsrat und sämtliche Mitarbeiter, eigentlich alle, bis auf die Security, die das Gebäude bewacht und einer externen Firma angehört.

Der Chief Executive Manager und Vorstandsvorsitzende spricht zur Belegschaft. Wie schon im letzten Jahr erklärt er beschwörend die angespannte Marktlage und die Dringlichkeit der Modernisierung und Verschlankung des Unternehmens. Er und die anderen anwesenden Vorstände, so versichert er, arbeiten ruhelos Tag und Nacht, um das Unternehmen zukunftsfähig zu machen:

„Ich weiß natürlich um die Einschnitte, die Stellen- und Gehaltsanpassungen, die auf einige Mitarbeiter zugekommen sind und – das sage ich auch ganz ehrlich – auch noch weiterhin zukommen werden. Aber ich weiß auch, dass gerade diese Einschnitte sehr viele Arbeitsplätze retten, die sonst der Marktlage zum Opfer gefallen wären. Ausdrücklich möchte ich an dieser Stelle dem Betriebsrat danken, der nach harten Verhandlungen seine Zustimmung zu den Spar- und Rationalisierungsmaßnahmen gegeben hat. Und, meine lieben Mitarbeiterinnen und Mitarbeiter, darauf bin ich besonders stolz, es ist uns gelungen, auch in diesen schweren Zeiten den Team-Spirit, der unser Unternehmen schon so viele Jahre auszeichnet, zu erhalten, ja sogar noch zu steigern. Die vor zwei Jahren vom Personalbüro initiierte Kampagne ‚Führung auf Augenhöhe' hat voll und ganz eingeschlagen. Ich freue mich, Ihnen heute das Ergebnis präsentieren zu können. Es lautet: Wir sind ein Team, eine Belegschaft, ja im Grunde eine große Familie. Die Auswertung der Mitarbeiter-Befragung, die auf allen Ebenen stattgefunden hat, beweist, dass das Ziel der kollegialen Mitarbeiterführung auf breitester Ebene erreicht ist. Das macht mich stolz und glücklich."

Der CEO dankt abschließend dem Personalbüro, namentlich Herrn Deichmann und insbesondere der Belegschaft, die so zahlreich erschienen ist, für ihr Engagement sowie die Erreichung des Kampagne-Ziels ‚Führung auf Augenhöhe'. Nach kurzem, etwas verhaltenem Applaus ergreift der Moderator das Wort: „Ich danke unserem CEO und Vorstandsvorsitzenden. Wenn niemand dazu eine Frage hat, dann kommen wir zum nächsten Tagesordnungspunkt, der Rede des Betriebsratsvorsitzenden. Begrüßen wir ganz herzlich unseren langjährigen..."

In diesem Moment hebt Herr Reinhardt seine rechte Hand. Der Moderator übersieht die Wortmeldung geflissentlich und will weitersprechen. Noch nie wurde die Rede des CEO in irgendeiner Weise kommentiert oder eine Frage dazu gestellt. Doch als Herr Reinhardt auch noch von seinem Platz aufsteht, richten sich immer mehr Blicke auf ihn und auch der Moderator kann ihn nicht mehr übergehen. Er erteilt ihm das Wort, mahnt aber an, sich kurz zu fassen. Während ein Veranstaltungstechniker eilig ein Funkmikrofon zu Herrn Reinhardt in die Mitte der Sitzreihe bringt, geht ein Raunen durch den Saal. Viele Zuhörer, die ihn seit Jahren als introvertierten Kollegen kennen, haben in diesem Moment nur einen einzigen Gedanken: „Herr Reinhardt sagt etwas."

Der Techniker hält das an einer Stange befestigte Mikrofon direkt vor Herrn Reinhardt: „Die Kampagne ‚Führung auf Augenhöhe' war nicht so erfolgreich, wie es vielleicht aussieht. Die Auswertung ist fehlerhaft. Die versammelten Mitarbeiter mussten in den verschiedenen Abteilungen in Anwesenheit ihrer jeweiligen Chefs sagen, ob sie sich auf Augenhöhe einbringen können, ob sie sich verstanden und integriert fühlen. Es hat natürlich keiner zugegeben, dass er sich nicht auf Augenhöhe fühlt, in der angespannten Situation unserer Firma, in der jeder Angst um seinen Arbeitsplatz hat. Ich denke, die Kampagne ist gescheitert. Das Problem liegt vielleicht darin, dass es entweder Führer und Geführte gibt oder Gleiche unter Gleichen. Aber Führung auf Augenhöhe ist im Prinzip schon gar nicht..."

„Danke für diese ehrliche und persönliche Ergänzung", unterbricht ihn der Moderator mit lauter Stimme und will als nächsten Redner den Betriebsrat ankündigen. Doch der CEO gibt ihm ein unmissverständliches Handzeichen und schaltet sich persönlich ein: „Ja, ich denke, wir werden das Feedback noch einmal prüfen und gegebenenfalls die Mitarbeiterbefragung nächstes Mal noch effizienter gestalten oder sogar anonymisieren. Ich sehe, dass der Personalvorstand zu meiner Rechten die Anregung bereits fleißig mitgeschrieben hat. Aber eines möchte ich an dieser Stelle auch noch mal klar und deutlich sagen. Es ist ein ganz, ganz tolles Zeichen, dass hier ein Mitarbeiter sich zu Wort meldet und frei heraus sagt, was er denkt. Genau so muss es sein. Das ist bereits gelebte Augenhöhe, das ist nichts anderes als der Teamspirit unseres gesamten Unternehmens: „One for all, all for one and everybody for the Company!"

Schon bei den ersten Worten des CEOs gibt der Moderator dem Techniker über das Funk-Headset die Anweisung, Herrn Reinhardt das Mikro umgehend zu entziehen. Die Betriebsversammlung nimmt somit wieder ihren Lauf. Herr Reinhardt aber wird von seinem Chef, der zwei Reihen vor ihm sitzt, mit einem vernichtenden Blick angestarrt. Entgegen seiner sonstigen Art, muss der Aggressive Leader allerdings auf den üblichen Wutausbruch verzichten, zumindest im Augenblick.

Am nächsten Tag kommt Herr Reinhardt in die Arbeit, doch irgendwie funktioniert seine Magnetkarte nicht richtig. Am Außeneingang des Gebäudekomplexes bleibt das Drehkreuz blockiert. Der Pförtner lässt sich die defekte Magnetkarte durch den Dokumentenschacht hindurchschieben. Herr Reinhardt sieht durch das Glasfenster, wie der Pförtner erst geschäftig telefoniert, ihm die Karte zurückschiebt und das Drehkreuz dann mit einem Knopfdruck ent-riegelt. Aber auch im Gebäude lässt sich zu sei-ner Überraschung die Zimmertüre nicht mehr öffnen. Er zieht die Magnetkarte noch dreimal über den Sensor, doch die Türe bleibt versperrt. Die Sekretärin des Aggressive Leaders kommt aus ihrem Büro und sagt ihm sichtlich verunsi-chert und etwas aufgelöst:

„Herr Reinhardt, der Chef hat mir aufgetra-gen, dass ich Ihnen sage, dass Sie sich gleich oben im dritten Stock beim Personalchef Herrn Deichmann melden sollen."

Herr Reinhardt erhält von Deichmann die be-triebsbedingte Kündigung ausgehändigt und erfährt, dass er ab sofort bis zum Eintritt des Tages der Vertragsauflösung vom Dienst freige-stellt ist. Deichmann übergibt ihm einen Kar-ton voller persönlicher Gegenstände aus seinem Schreibtisch. Mit einem Ausdruck des Bedau-erns schüttelt er Herrn Reinhardt die Hand und bietet ihm an, noch in den Raum Kennedy zu gehen. Wenn er es wünschen sollte, würde der

Coach ihm dort noch ein letztes Mal beratend zur Seite stehen.

Herr Reinhardt wünscht es.

Herr Reinhardt erschießt den Charisma-Coach

Der Coach erwartet ihn bereits. Der Personalchef hatte Herrn Reinhardt telefonisch angekündigt:

„Was haben Sie nur wieder gemacht? War das die Tarnkappe, die Sie aufsetzen sollten, um nicht aufzufallen? Habe ich Ihnen empfohlen, dass Sie dem CEO, dem Chief Executive Officer des Konzerns, die Meinung sagen sollen? Nein – habe ich nicht! Habe ich Ihnen gesagt, Sie sollen die Personalinitiative ‚Führung auf Augenhöhe‘ in den Dreck ziehen? Nein! Warum in aller Welt haben Sie das getan?"

„Ich hatte das Gefühl, dass dem CEO wichtige Informationen fehlen", sagt Herr Reinhardt mit ruhiger Stimme.

„Ach – Sie hatten das Gefühl, dem CEO fehlen Informationen", wiederholt der Coach ebenfalls ruhig, aber mit angespanntem Unterton. „Sie hatten also so ein Gefühl? Habe ich Ihnen nicht persönlich beigebracht, dass Sie für Ihre Gefühle verantwortlich sind, dass Sie Ihre destruktiven Gefühls- und Gedankenmuster frühzeitig erkennen und kontrollieren müssen? Und was machen Sie? Sie lassen Ihren negativen Gefühlen freien Raum und plaudern sie aus."

„Ja, mag sein", räumt Herr Reinhardt ein, „aber dem CEO fehlten tatsächlich Informationen."

„Wissen Sie überhaupt, was Sie da sagen?", erwidert der Coach mit einem Anflug von Verzweiflung. „Das kann gar nicht sein!!! Dem CEO fehlen prinzipiell keine Informationen! Denken Sie doch mal nach! Warum ist er der CEO? Er ist Chief Executive Officer, weil er mehr Informationen hat als alle anderen. Bei ihm läuft alles zusammen. Er ist das Gehirn und der Motor der Firma, der Stratege und General, sonst wäre er nicht CEO. Es gehört zu seiner *Marke Ich*, dass er alles weiß und alles richtig einschätzt. Dann kommen Sie, Herr Reinhardt, ein Mitarbeiter aus dem fünften Glied und wollen ihm etwas Wichtiges sagen."

„Seine Fehleinschätzung hat mich einfach

provoziert," verteidigt sich Herr Reinhardt.

„Aha – provoziert? Na und! – Da prustet man doch nicht gleich seine Kritik heraus! Wo in aller Welt war Ihre Resilienz, Ihr Gefühls- und Gedanken-Management?"

„Ehrlich gesagt, ich weiß es nicht, sagen Sie es mir, Sie haben mich gecoacht."

„Ja, ich habe Sie gecoacht. Aber ich bin nicht schuld an Ihrer Kündigung. Meine Aufgabe ist eine ganz andere. Ich befähige die Leute, BurnOut zu vermeiden, Stress, Arbeitsüberlastung und Verletzungen besser wegzustecken, ja – sogar Kraft daraus zu ziehen! Ich zeige den Menschen, wie sie aus einer scheinbar aussichtslosen Situation als Held hervorgehen. Ich bin Charisma-Coach, verstehen Sie?"

„Charisma" wiederholt Herr Reinhardt monoton.

„Ja, Charisma! Sie wissen natürlich nicht mal, was das ist. Ich gebe den Leuten, wenn sie nur ein bisschen lernfähig sind und es wollen, die Lanze von Antiochia an die Hand. Aber die kennen Sie wahrscheinlich auch nicht?"

Herr Reinhardt schüttelt den Kopf.

„Die Kreuzritter wurden in der Stadt Antiochia von einem zehnfach überlegenen Sarazenen-Heer eingekesselt und belagert. Sie waren am Verhungern, aßen bereits die Ratten, die sie erwischen konnten und ihre eigenen Pferde. Sie waren total erschöpft, zahlenmäßig weit unterlegen und hatten keine Chance mehr. In dieser wirklich ausweglosen Situation hat der französische Mönch Peter Bartholomäus den „Never give up Button" gedrückt. Er behauptete, im Traum gesehen zu haben, dass unter der Kirche von Antiochia die Lanze Christi begraben liegt, also jene Lanze, mit der ein Legionär dem gekreuzigten Jesus in die Brust gestochen hat, um dessen Tod zu überprüfen, also eine heilige Requisite und zwar nicht irgendeine, sondern die heilige Requisite schlechthin. Aufgrund des Traumes von Bartholomäus rissen die Kreuzritter die ganze Kirche ab, gruben ein tiefes Loch und suchten wie besessen nach der Lanze. Zwei Tage lang vergebens und die Grube wurde immer tiefer. Aber wie durch ein Wunder fanden sie am Morgen des dritten Tages die heilige Lanze. Der Mönch Bartholomäus packte sie, hob sie hoch und brüllte: „Seht alle her – Die Lanze Christi – Wir sind unbesiegbar!" Er rannte damit durch die ganze Stadt und es brach eine fast hysterische Euphorie aus. Denn mit der Lanze Christi – das wussten alle – kämpft Gott selbst an ihrer Seite. Die Kreuzritter öffneten das Stadttor, stürzten sich auf die Sarazenen und metzelten deren zehnfach überlegenes Heer nieder. Das, Herr Reinhardt, ist Charisma! Bis heute weiß man nicht, ob der Mönch vielleicht selbst die Lanze heimlich vergraben hat. Es spielt aber letztlich keine Rolle. Fest steht: Er hat durch sein Charisma die Kreuzritter aus der völlig ausweglosen Situation gerettet. Genau diese Fähigkeit weiterzugeben und zu erwecken ist der Job eines guten Charisma-Coaches. Ich gebe meinen Klienten eine Lanze an die Hand, mit der sie sich selbst und andere begeistern können. Das ist vielleicht das wertvollste emotionale Kapital, das es überhaupt gibt und somit der entscheidende

Erfolgsfaktor. Ganz wichtig ist – und das gebe ich Ihnen mit auf den Weg...."

Da klingelt das Telefon. Der Coach nimmt ohne Zögern den Hörer ab. Herr Reinhardt wundert sich, dass der Coach seinen Redefluss unterbricht und am Telefon zum Zuhörer wird: „Ja, mache ich..." und nach einer längeren Pause sagt er: „Ja. Ja, bitte, aber bitte, das habe ich doch versprochen, da bin ich ganz bei Ihnen." Da erkennt Reinhardt am anderen Ende der Leitung die aufgeregt schnarrende Stimme des Aggressive Leaders. Der Coach steht auf, gibt Herrn Reinhardt ein besänftigendes Handzeichen und verlässt für einige Minuten den Raum Kennedy. Durch die geschlossene Türe dröhnt es: „Nein, Ich habe Sie auf dem Radar! Two o' clock!! See you on time!!!"

Herr Reinhardt ist klar, dass die Termin-absprache mit dem Aggressive Leader für den Coach wichtiger ist als die Verabschiedung eines bereits gekündigten Mitarbeiters aus dem fünften Glied. Dennoch fühlt er sich, an diesem für ihn selbst besonderen Tag, entwertet und will protestieren. Doch da erinnert er sich an die Worte des Großvaters: „Der wahre Held bleibt ruhig in seiner Deckung. Verstehst du Junge, das Überraschungsmoment! Darauf kommt es an! Du musst das Überraschungsmoment nutzen. Du duckst ab und wartest bis zu dem Augenblick, an dem du das sichere Gefühl hast – jetzt!"

Der Coach kommt zurück in den Raum Kennedy und spricht weiter:

„Wissen Sie Herr Reinhardt, ich coache auch Chefs, Vorstände und solche, die es werden wollen. Was meinen Sie, was die alles an Beleidigungen, Verletzungen und Machtkämpfen auf ihrem Weg nach oben hinnehmen und überleben müssen? Ich habe sie alle gestählt, ihnen eine Ritterrüstung gegeben, mit der sie kämpfen können. Was denken Sie, was auf dieser Ebene los ist? Die sind auf den ersten Blick alle freundlich, aber da fliegen täglich Pfeile, die den Stolz und die Gefühle verletzen. Manchmal gebe ich ihnen dann selbst einen Köcher Pfeile in die Hand, um zurückzuschießen. Das ist Krieg, verstehen Sie? Krieg!"

„Mir haben Sie nie einen Köcher gegeben."

„Natürlich nicht. Sie sind Mitarbeiter auf der mittleren Ebene und kein Abteilungsleiter, der ganz nach oben will. Sie sind über Fünfzig. Für Sie bezahlt die Firma das Coaching nur, damit Sie Ihre Leistung bringen. Nicht, damit Sie aufbegehren. Und die Firma zahlt das Coaching schon gar nicht dafür, dass Sie den CEO auf die Probe stellen. Sie, Herr Reinhardt, kennen einfach Ihre Rolle nicht und erst recht nicht die Konzernphilosophie. Wir sind international, antirassistisch, ökologisch und kollegial. Ein Unternehmen, das sowohl die Gender Diversity als auch die freie Entfaltung aller Mitarbeiter immer und jederzeit fördert. „One for all, all for one and everybody for the Company!" Aber Sie, Herr Reinhardt, waren unkontrolliert, übergriffig und haben öffentlich den Corporate Identity Gedanken ‚Führung auf Augenhöhe' in Frage gestellt. Deshalb hat man Sie gekündigt.

„Nein, der Kündigungsgrund war ‚Head-Counting'. Wegen Auftragsrückgang wird die Abteilung betriebsbedingt verkleinert. Es sind zu viele Köpfe auf der Gehaltsliste."

„Ja, ja, ja! Das ist die offizielle, arbeitsrechtlich notwendige Version. Aber wie naiv sind Sie denn? Warum glauben Sie, hat man beim ,Köpfe zählen' ausgerechnet Ihren Kopf ausgewählt und nicht den Ihrer Kollegen?"

„Es werden auch Kollegen entlassen."

„Also gut, ganz wie Sie meinen, wenn Sie das so glauben wollen, dann haben Sie und Ihre Kollegen eben die Rezession und der Kapitalismus geknackt. Und den Kapitalismus, mein Lieber, kann weder ich noch irgendein anderer Charisma-Coach auf der ganzen Welt verändern! Das muss Ihnen doch klar sein. Wir Coaches müssen das Getriebe des großen Ganzen in Gang halten und eingreifen, wenn sich ein Rädchen verhakt und der Motor stottert. Aber Sie, Herr Reinhardt, haben, seit ich Sie kenne, immer ein- und dasselbe Problem. Sie kommen mit dem „Großen Ganzen" nicht zurecht und jammern. Aber da müssen Sie sich an den lieben Gott wenden. Ich habe die freie Marktwirtschaft nicht erfunden. Ich kann meinen Schützlingen nur immer wieder sagen, wie sie mit diesen Bedingungen umgehen und sie sich zu Nutze machen können. Schauen Sie Herr Reinhardt, Angebot und Nachfrage, Produktion und Rezession, Konkurrenzkampf zwischen Unternehmen und Mitarbeitern ist der Ozean und ich helfe den Menschen, sich wie Fische in diesem Gewässer zu bewegen."

„Ich bin kein Fisch", unterbricht Herr Reinhardt den Redefluss des Coaches.

„Nein, Herr Reinhardt, Sie sind wirklich kein Fisch, denn Sie werden voraussichtlich Ihr Leben lang nicht richtig schwimmen lernen. Sie sind beratungsresistent. Sie sind das, was wir den ‚Coaching-Resistant-Problem-Talker‘ nennen. Aus Ihnen wird niemals ein High-Performer, ein Siegfried oder Bartholomäus."

„.... und kein Jim Corner", ergänzt Herr Reinhardt.

„Wie bitte? Ich habe Sie akustisch nicht verstanden?"

„Ich werde auch kein Jim Corner – Sie haben Jim Corner vergessen!"

„Herr Reinhardt, werden Sie jetzt bloß nicht anmaßend. Sie sollten das, was ich Ihnen hier abschließend noch mit auf den Weg gebe, nicht auf die leichte Schulter nehmen. In Ihrer Situation schon gar nicht."

Der Coach schaut auf die Uhr.

„So, die halbe Stunde ist um. Verlassen Sie jetzt bitte die Coaching-Area, Ihr Personal-Coaching ist hiermit beendet. Zum Schluss noch die gute Nachricht, die Firma wird Ihnen diese letzte Sitzung nicht in Rechnung stellen."

„Das wäre ja noch schöner. Deichmann selbst hat mich zu Ihnen runter geschickt."

„Ja – aber das war reine Kulanz. Seit Ihrer Freistellung sind Sie bereits kein Mitarbeiter mehr. Wissen Sie überhaupt, was so ein Coaching kostet? Können Sie sich vorstellen, was die Firma in Sie investiert hat? Zigtausende Euro und dann so ein Ergebnis. Ich darf gar nicht daran denken. Nach neun Monaten Coaching immer noch derselbe, der Sie waren, als Sie das erste Mal zu mir kamen: Einer, der darunter leidet, dass er nicht gesehen wird, ein Übersensibler, der sich nicht abgrenzen kann, ein ruhiger heimlicher Checker, der letztlich aber gar nichts checkt. Sie, Herr Reinhardt, haben Ihre letzte Chance selbst verspielt. Sie sind auch nach drei Jahren weder resilient, flexibel, charismatisch, noch haben Sie an Ihrer *Marke Ich* gearbeitet oder Ihr Self-Empowerment durchgezogen, ganz zu schweigen von Ihrer mangelnden Entscheidungsfreudigkeit. Aber gut, so ist es eben. Sie tun sich halt schwer, Verantwortung für Ihr Fühlen, Denken und Handeln zu übernehmen. Aber solche Menschen muss es ja auch geben."

Mit diesen Worten erhebt sich der Coach von seinem Stuhl und signalisiert damit unmissverständlich das Ende der Sitzung. Als Herr Reinhardt keine Anstalten macht, aufzustehen, insistiert der Coach: „Herr Reinhardt, es ist nun wirklich Zeit!"

Herr Reinhardt nickt zustimmend, steht auf

und sagt unaufgeregt, aber mit klarer Stimme:

„Ja, es ist Zeit – Zeit aus der Deckung zu gehen!"

„Das ist der erste entschlossene Satz, den ich von Ihnen höre. Haben Sie den aus einem Actionfilm?", fragt der Coach.

„Nein, von meinem Großvater", antwortet Herr Reinhardt, greift langsam in seine Manteltasche, entsichert die Walther P 38 und erschießt den Charisma-Coach.

Epilog

In der Gerichtsverhandlung der Bundesrepublik Deutschland gegen Herrn Reinhardt bekennt sich der Angeklagte in der Mordsache vollumfänglich für schuldig. Im Gerichtsprotokoll wird jedoch vermerkt, dass der Beklagte, Herr Reinhardt, auf die Frage, warum er den Coach erschossen habe, geantwortet hat:

„Wissen Sie, Herr Richter, ich glaube, ich habe gar nicht auf den Coach geschossen. Ich habe auf das geschossen, wofür er steht."

Autoren

Melanie Tintera M.A. ist Rhetoriktrainerin, Vortragsrednerin und Autorin. Sie studierte Soziologie, Psychologie, Politikwissenschaften und war zehn Jahre bei Banken und Topunternehmen in der Finanzbranche tätig, unter anderem im Bereich Marketing & Client Relationship. Sie ist Expertin für Rhetorik und Gesprächsführung sowie Mitglied der German Speakers Association.

Dr. Walther Ziegler ist promovierter Philosoph und Hochschullehrer. Als Auslandskorrespondent, Reporter und Nachrichtenchef des Fernsehsenders ProSieben produzierte er Filme auf allen Kontinenten. Seine Reportagen wurden mehrfach preisgekrönt. 2007 übernimmt er die Leitung einer Hochschule für Film- und Fernsehstudiengänge in München. 2015 veröffentlicht er die Bestseller-Buchreihe „Große Denker in 60 Minuten", die in fünf Sprachen weltweit erscheint.